Larry Csonka, corredor

LA HISTORIA DE LOS MIAMI DOLPHINS

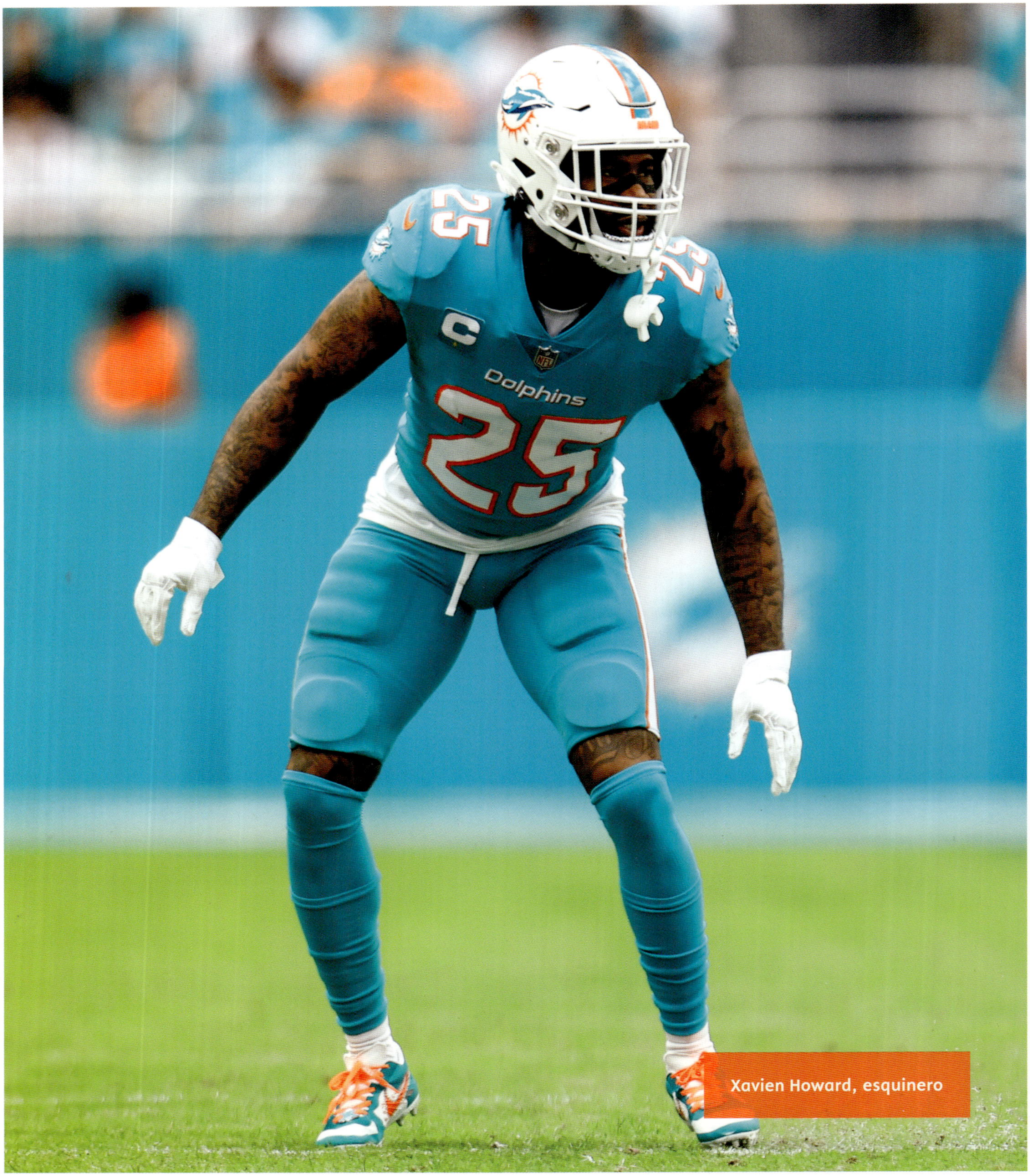

Xavien Howard, esquinero

LA NFL HOY EN DÍA

LA HISTORIA DE LOS

MIAMI DOLPHINS

JIM WHITING

Cameron Wake, apoyador

CREATIVE EDUCATION / CREATIVE PAPERBACKS

Publicado por Creative Education y Creative Paperbacks
P.O. Box 227, Mankato, Minnesota 56002
Creative Education y Creative Paperbacks son marcas editoriales de The Creative Company
www.thecreativecompany.us

Dirección de arte por Tom Morgan (www.bluedes.com)
Art direction by Rita Marshall

Fotografías por Alamy (Cal Sport Media, ZUMA Press), Getty (Allen Kee, B Bennett, Doug Benc, Eric Espada, Focus on Sport, George Rose, George Tiedemann/Sports Illustrated, Kevin Sabitus, Kidwiler Collection/Diamond Images, Marc Serota, Peter Joneleit/Icon Sportswire, Popperfoto, Rhona Wise/AFP, Robin Alam/Icon Sportswire, Ronald C. Modra, Ronald Martinez/Allsport, Sam Greenwood, Thearon W. Henderson), NFL (Al Messerschmidt, JC Ridley, Rod Hanna)

Library of Congress Cataloging-in-Publication Data
Names: Whiting, Jim, 1943- author.
Title: La historia de los Miami Dolphins / by Jim Whiting.
Other titles: Story of the Miami Dolphins. Spanish
Description: Mankato, Minnesota : Creative Education, Creative Paperbacks, [2025] | Series: Creative sports: la NFL hoy en día | Includes index. | Audience: Ages 8-12 | Audience: Grades 4-6 | Summary: "Translated into North American Spanish, middle grade football fans are introduced to the extraordinary history of the NFL's Miami Dolphins with a photo-laden narrative of their greatest successes and losses."-- Provided by publisher.
Identifiers: LCCN 2023044086 (print) | LCCN 2023044087 (ebook) | ISBN 9798889891543 (library binding) | ISBN 9781682775479 (paperback) | ISBN 9798889891628 (ebook)
Subjects: LCSH: Miami Dolphins (Football team)--History--Juvenile literature.
Classification: LCC GV956.M47 W5518 2025 (print) | LCC GV956.M47 (ebook) | DDC 796.332/6409759381--dc23/eng/20231027
LC record available at https://lccn.loc.gov/2023044086
LC ebook record available at https://lccn.loc.gov/2023044087

Impreso en China

David Woodley, mariscal de campo

Riddell
Wilson
Dolphins
13

40
75

BROWN
23

Riddell
17
NFL

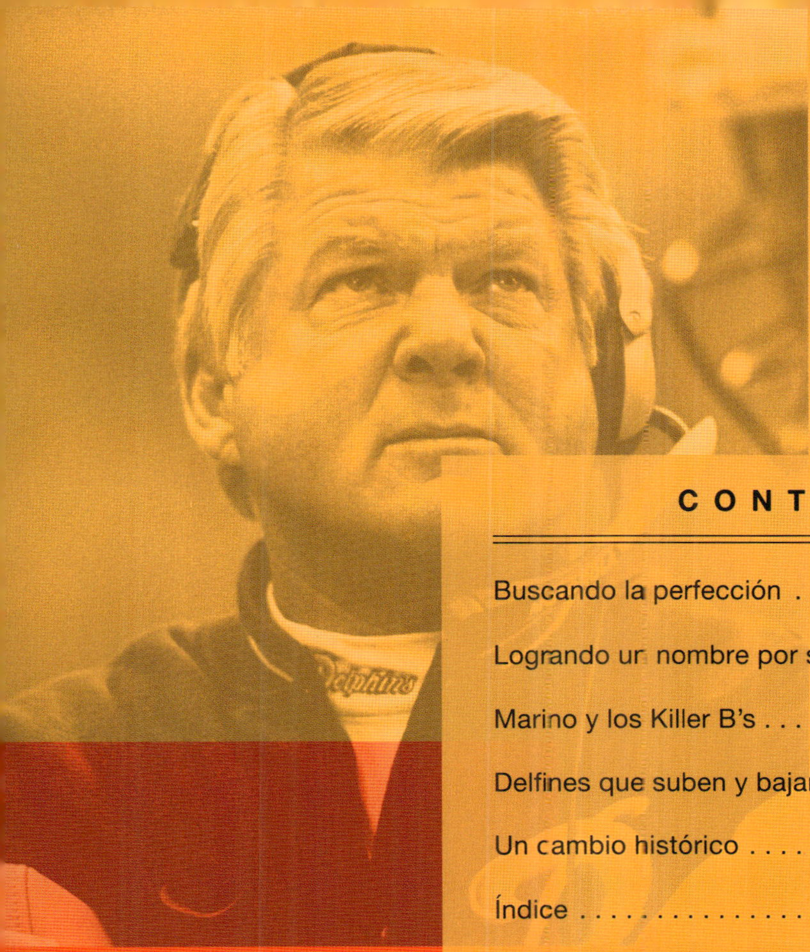

CONTENIDO

LOS GRANDES DEL FÚTBOL AMERICANO

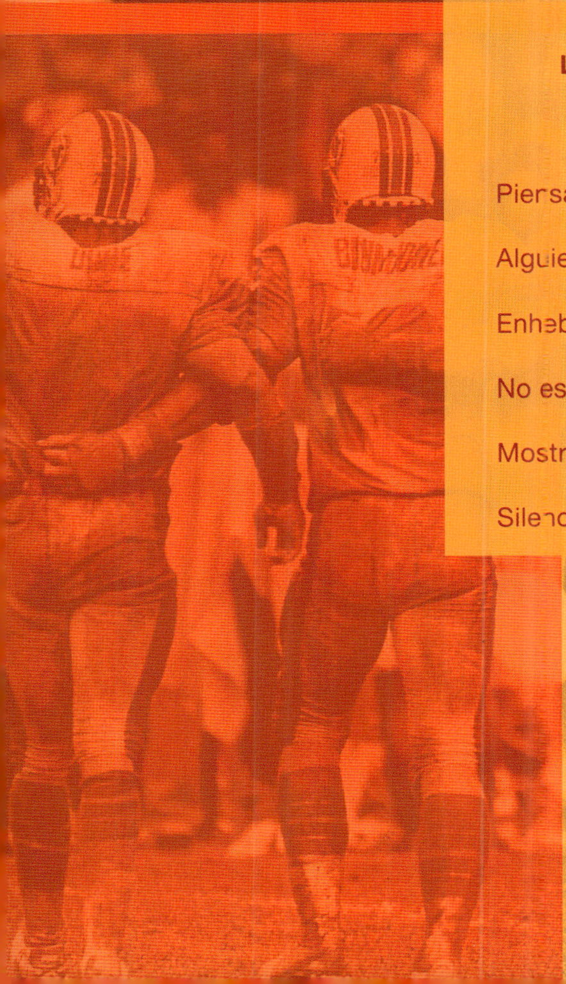

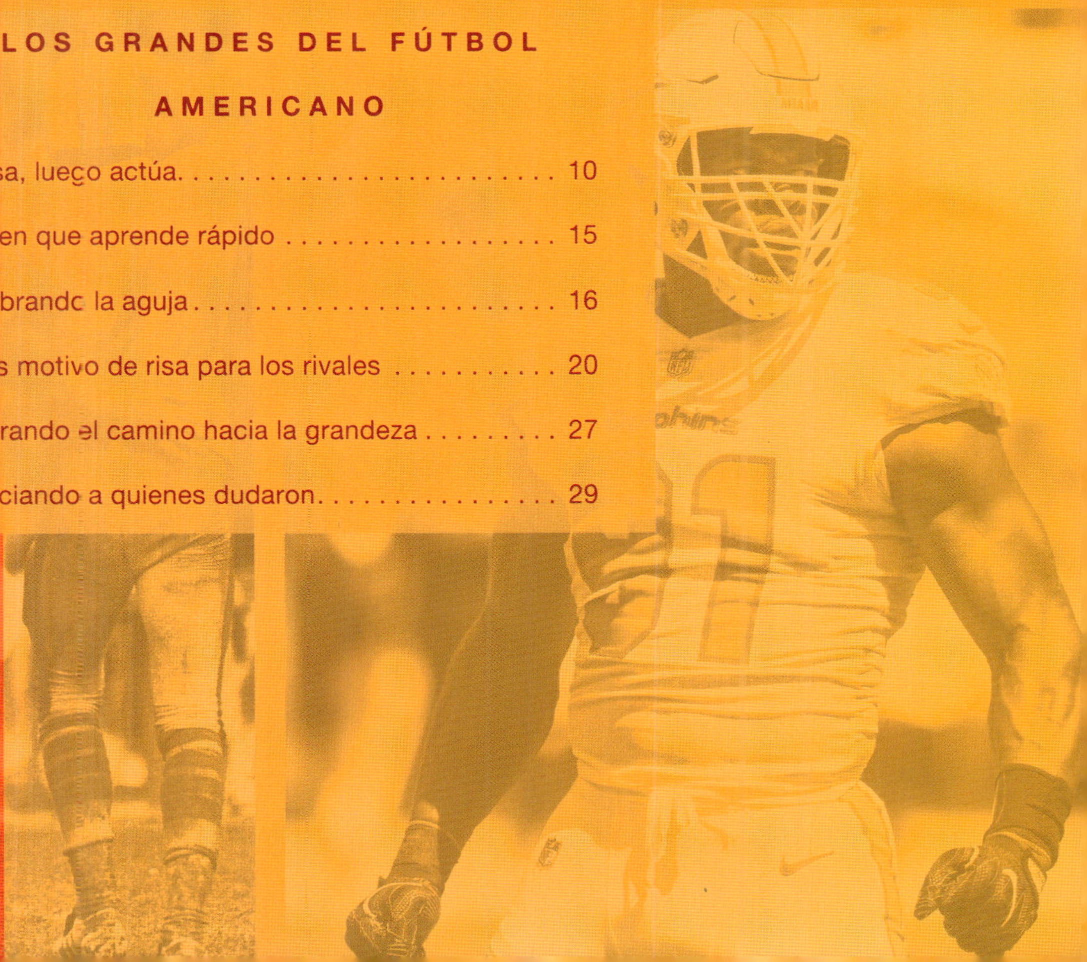

BUSCANDO LA PERFECCIÓN

Quizás la hazaña más difícil de lograr en el fútbol profesional sea una temporada regular sin derrotas ni empates. Los Chicago Bears de la National Football League (NFL) lo lograron dos veces: en 1934 (13–0) y en 1942 (11–0). Los Cleveland Browns de la All-America Football Conference (AAFC) lograron 14–0 en 1948. La NFL no reconoce oficialmente esa anotación.

El 16 de diciembre de 1972, los Miami Dolphins estaban a punto de completar una temporada regular sin derrotas ni empates. Habían ganado 13 partidos sin ninguna derrota. Se enfrentaron a los Baltimore Colts en el partido final de la temporada.

Mantenerse invicto no había sido fácil. Después de haber ganado con facilidad sus primeros dos partidos, los Dolphins se enfrentaron a los Minnesota Vikings. En el cuarto cuarto, los Vikings iban ganando por 14–6. Garo Yepremian, el pateador de Miami, anotó un gol de campo de 51 yardas. Era el más largo de su carrera. Entonces, el mariscal de campo Bob Griese completó un pase de touchdown de tres yardas al ala cerrada Jim Mandich cuando quedaba solo un poco más de un minuto. Miami ganó por 16–14.

Bob Griese, mariscal de campo

BOB GRIESE
MARISCAL DE CAMPO
TEMPORADAS DE LOS DOLPHINS: 1967–80
ALTURA: 6 PIES Y 1 PULGADA (1,85 M)
PESO: 190 LIBRAS (86 KG)

PIENSA, LUEGO ACTÚA

Bob Griese era conocido como "el mariscal de campo del hombre pensante". Él poseía fuertes habilidades de liderazgo. Conservaba la calma bajo presión. También era famoso por usar lentes. Ese era un estilo poco convencional. Pero no fueron solo los lentes de Griese lo que convenció a la gente de que él era inteligente. Su desmedido esfuerzo y su talento para decidir la jugada correcta en el momento correcto lo diferenciaban de los demás mariscales de campo de su época. Mientras que los Dolphins ganaran, a Griese no le importaba cómo lo hicieran. "Se estremecía decidiendo la jugada correcta de carrera para un touchdown al mismo grado que si conectara una bomba", dijo el entrenador principal Don Shula.

Larry Csonka, corredor

Tres semanas más tarde, las cosas estaban aún más tensas. Los Dolphins se enfrentaron como anfitriones a los Buffalo Bills. La semana anterior, Griese se había roto el tobillo. Este era el primer inicio de la temporada para el mariscal de campo Earl Morrall. En el medio tiempo, Buffalo iba adelante por 13–7. A principios del tercer cuarto, el tacleador Manny Fernández le robó el balón al mariscal de campo de los Bills. Eso llevó a la carrera de touchdown de 10 yardas del corredor Larry Csonka. Hacia el cuarto cuarto, Yepremian pateó un nuevo gol de campo de 54 yardas, dándoles a los Dolphins la ventaja con 17–13. Después de un gol de campo de Buffalo, Mercury Morris corrió 15 yardas para anotar. El punto extra fue bueno. Miami iba ganando por 24–16. Los Bills anotaron cuando quedaba 1:07 minutos y redujeron la diferencia de puntos a 24–23. Falló un intento de patada lateral. Los Dolphins ahora estaban en 6–0.

En el 10.° partido, Miami estuvo nuevamente a punto de perder. Los New York Jets lideraron en el medio tiempo por 17–14. En el tercer cuarto, Morrall corrió 31 yardas para anotar. Luego, los Jets retomaron la ventaja con 24–21. A principios del cuarto cuarto, los Jets soltaron el balón en su línea de 27 yardas. Poco tiempo

después, Morris corrió 14 yardas para lograr un touchdown y darle a los Dolphins la ventaja de 28–24. La defensa de Miami mantuvo a los Jets a raya durante el resto del partido.

Miami ganó sus próximos tres juegos por un margen cómodo. Ahora, los Colts eran el obstáculo final. Yepremian abrió la puntuación con un gol de campo de 40 yardas. El receptor Paul Warfield atrapó un pase anotador de 14 yardas en el segundo cuarto. Yepremian agregó dos goles de campo más en la segunda mitad. Los Dolphins ganaron, 16–0. ¡Se habían convertido en el primer equipo de la NFL con un récord perfecto de 14–0!

"Estamos encantados de haber logrado lo que ningún otro equipo de la NFL ha hecho", afirmó el entrenador principal Don Shula. "Pero ahora tenemos que lograr 17–0 para que signifique algo". Eso significaba avanzar hacia el Super Bowl, y ganarlo.

LOGRANDO UN NOMBRE POR SÍ MISMOS

Los cimientos de esta histórica temporada se sentaron en 1965. El abogado de Minnesota Joe Robbie se reunió con el comisionado de la American Football League (AFL) Joe Foss. La AFL había comenzado cinco años antes. Era rival de la NFL. Foss instó a Robbie a establecer un equipo de expansión en Miami. Robbie formó una sociedad con el artista Danny Thomas. Ambos recaudaron suficiente dinero para formar un equipo. Para el nombre del nuevo equipo, organizaron un concurso en el periódico. La opción más popular fue Dolphins. "Tiene sentido", explicó Robbie. "El delfín es una de las criaturas más rápidas e inteligentes del mar". Al equipo también se le conoce como los "Fins".

Manny Fernández, ala defensiva

Nick Buoniconti, apoyador

El primer partido de los Dolphins fue en 1966. Jugaron contra los Oakland Raiders. El corredor Joe Auer devolvió la patada inicial 95 yardas para anotar un touchdown. Pero los Raiders ganaron por 23–14. El equipo terminó en 3–11. Las cosas no mejoraron mucho en las siguientes tres temporadas.

En 1970, sucedieron dos cosas importantes. Primero, la NFL y la AFL se fusionaron. A Miami lo colocaron en la Division Este de la American Football Conference (AFC) de la NFL. Luego, Miami atrajo a Shula para que dejara a los Colts.

Los resultados fueron inmediatos. En 1970, Miami ganó 10 partidos. En la ronda divisional de las eliminatorias, perdieron una reñida batalla contra los Raiders. Pero estaba claro que los Fins habían emergido de las profundidades. Varios jugadores pronto se volvieron famosos. Entre ellos estaban Griese, los corredores Csonka, Morris y Jim Kiick, y el guardia Larry Little. El equipo también hizo un intercambio para llevarse a Warfield. Fernández y el apoyador Nick Buoniconti formaban el corazón de una defensa dominante.

En 1971, los Dolphins marcaron otra temporada de 10 victorias. Miami venció a los Kansas City Chiefs en la ronda de división de las eliminatorias, 27–24, en doble tiempo extra. Luego, los Fins eliminaron a los Colts en el partido de Campeonato de la AFC. Pero perdieron 24–3 contra los Dallas Cowboys en el Super Bowl VI (6).

Para entonces, ya había surgido la "Defensa sin nombre". Este apodo significaba que no había un solo jugador estrella. "Somos la Defensa sin nombre y estamos orgullosos de ello", dijo Buoniconti. "Así nos encanta. No queremos un apodo. Espero que nunca tengamos uno". Pero no se le cumplió ese deseo. La temporada perfecta de los Dolphins de 14-0 hizo que la atención se centrara en ellos.

GARO YEPREMIAN
PATEADOR
TEMPORADAS DE LOS DOLPHINS: 1970–78
ALTURA: 5 PIES Y 7 PULGADAS (1,70 M)
PESO: 175 LIBRAS (79 KG)

ALGUIEN QUE APRENDE RÁPIDO

Garo Yepremian nació en la isla de Chipre. Se mudó a Londres cuando tenía 16 años. Hacía corbatas y jugaba fútbol soccer profesional. Luego, llegó a Estados Unidos. Él quería convertirse en pateador. Su período jugando fútbol soccer en Inglaterra evitó que jugara fútbol americano en la universidad, porque le habían pagado. Así que se acercó a los equipos profesionales. Yepremian hizo pruebas para entrar a los Detroit Lions un jueves de 1966. Tres días después, jugó en el primer partido de fútbol americano en vivo que vio en su vida. “No tenía ni idea de cómo ponerme el uniforme”, confesó después. Fue nombrado All-Pro dos veces. *Sports Illustrated* lo nombró el mejor pateador de la década de 1970.

DAN MARINO
MARISCAL DE CAMPO
TEMPORADAS DE LOS DOLPHINS: 1983–99
ALTURA: 6 PIES Y 4 PULGADAS (1,93 M)
PESO: 224 LIBRAS (101 KG)

ENHEBRANDO LA AGUJA

Los Kansas City Royals eligieron a Dan Marino en la cuarta ronda de Reclutamiento del Béisbol de las Grandes Ligas, de 1979. Él los rechazó. En lugar de ello, eligió jugar fútbol americano para la Universidad de Pittsburgh. Marino fue solo el sexto mariscal de campo elegido en el Draft de la NFL 1983, y el número 27 en total. Tres de los seis mariscales de campo se convirtieron en miembros del Salón de la Fama del Fútbol Profesional, incluido Marino. Los otros tres nunca estuvieron cerca de llegar. En el sexto juego de la temporada, Marino se convirtió en el iniciador. Lideró a la AFC en eficiencia de pase. Fue nombrado Novato Ofensivo del Año de la NFL y Segundo Equipo All-Pro. Los siguientes tres temporadas fue nombrado Primer Equipo All-Pro. Jugó en nueve Pro Bowls. Sin embargo, hay un honor que siempre se le escapó. Marino es ampliamente considerado como el más grande mariscal de campo que no ha ganado un anillo de Super Bowl.

Shula utilizó la humillación de la derrota en la Super Bowl del año anterior como motivación. "Queríamos asegurarnos de que esto no volviera a suceder", dijo. "Nuestra meta no era ir al Super Bowl, sino ganarlo".

Durante la mayor parte del Super Bowl VII (7) contra los Washington Redskins, parecía que los Dolphins alcanzarían su meta. Al final del primer cuarto, Griese lanzó un pase de touchdown de 28 yardas al receptor Howard Twilley. Cuando quedaban 21 segundos del primer tiempo, Kiick anotó con una zambullida de una yarda. Parecía que su ventaja de 14 puntos se mantendría. Cuando quedaban solo 2:38 min, Miami se alineó para un gol de campo de 42 yardas. Shula pensó que un puntaje de 17–0 sería un gran cierre para una temporada de 17–0.

Washington bloqueó la patada de Yepremian. Levantó el balón y trató de lanzar un pase. El balón resbaló de sus dedos. Cayó en las manos de un esquinero de Washington. Corrió 49 yardas para lograr un touchdown.

Afortunadamente, la defensa de Miami aumentó. Los Dolphins evitaron que Washington anotara de nuevo. Aseguraron su temporada perfecta. Desde entonces, ningún equipo ha igualado la hazaña de Miami.

MARINO Y LOS KILLER B'S

Cada semana, los Dolphins de 1973 encontraban una forma diferente de ganar. En un partido contra los Colts, el esquinero Tim Foley fue el héroe. Él respondió a dos patadas de despeje bloqueadas con touchdowns. Después, llegó el turno de Warfield. Atrapó cuatro pases de touchdown contra los Detroit Lions. Durante esta temporada, la línea defensiva sufrió una serie de lesiones. El equipo puso al apoyador Bob Matheson en el ala defensiva. Se destacó como apoyador. Podía cazar a quien lanzara un pase. O podía quedarse atrás cubriendo. Esta formación llegó a ser conocida como la "Defensa 53". Le dieron ese nombre por el número de la camiseta de Matheson. Los Dolphins lograron con facilidad el 12–2. Se convirtieron el primer equipo en avanzar a tres Super Bowls seguidos. En el Super Bowl VIII (8), derrotaron a los Minnesota Vikings, 24–7. Csonka corrió por 145 yardas en 33 acarreos.

Miami logró 11–3 en 1974. Pero los Raiders orillaron a los Dolphins por 28–26 en la ronda de división de las eliminatorias. Esa derrota marcó el fin de una era. Los Dolphins no llegaron a las eliminatorias las siguientes tres temporadas.

Miami regresó a las eliminatorias en 1978 y 1979. Pero perdieron contra los Houston Oilers y los Pittsburgh Steelers, respectivamente. No obstante, había sido una década extraordinaria para los Dolphins. Sumaron un récord combinado de 104–39–1.

En 1981, el centro Dwight Stephenson y el tacle nariz Bob Baumhower ayudaron a Miami a lograr 11 victorias. Los Dolphins regresaron a las eliminatorias. Pero los San Diego Chargers pusieron fin a la temporada de Miami. En 1982, una huelga de jugadores recortó la temporada. Miami compiló un récord de 7–2. En las eliminatorias, los Dolphins derrotaron a los New England Patriots, a los Chargers y a los Jets. Avanzaron hacia su cuarto Super Bowl. Allí, se enfrentaron otra vez a los Redskins. Washington ganó por 27–17.

En 1983, Miami reclutó al mariscal de campo Dan Marino. "Dan the Man" se convirtió en una estrella al instante. "Para mí, jugar con Danny era, más que nada, como observar a un artista trabajando", confesó el receptor Nat Moore. "Él podía desarticular defensas, independientemente de las circunstancias". Los Dolphins terminaron 12–4. En la ronda divisional, perdieron contra los Seattle Seahawks, 27–20.

Dan Marino, mariscal de campo

MARK CLAYTON (EN LA FOTO)
RECEPTOR
TEMPORADAS DE LOS DOLPHINS: 1983–92
ALTURA: 5 PIES Y 9 PULGADAS (1,75 M)
PESO: 177 LIBRAS (80 KG)

NO ES MOTIVO DE RISA PARA LOS RIVALES

En la primera mitad del siglo XX, los Hermanos Marx estaban entre los comediantes más famosos del país. Sus nombres eran Groucho, Chico, Zeppo, Harpo y Gummo. Cuando Mark Duper y Mark Clayton entraron de repente a la escena de la NFL, pronto los apodaron los “Hermanos Marks”. El hecho de que eran casi idénticos de tamaño y logros ayudó a popularizar este apodo. Clayton lideró a la NFL dos veces por recibir touchdowns. Lo nombraron para cinco Pro Bowls. A Duper lo nombraron para tres Pro Bowls. Duper también tenía otro apodo: “Super Duper”. Mucha gente les da el crédito de haber ayudado a cambiar el enfoque de la NFL. “Cuando nosotros nos aliamos, pasamos de un partido de carreras a un partido de pases”, dijo Duper. “Ahora, todo el mundo lo hace”.

MARK DUPER
RECEPTOR
TEMPORADAS DE LOS DOLPHINS: 1982–92
ALTURA: 5 PIES Y 9 PULGADAS (1,75 M)
PESO: 185 LIBRAS (84 KG)

En 1984, Marino tuvo una de las mejores temporadas en la historia de la NFL. Él fijó récords dentro de la NFL en cuanto a yardas de pase (5.084), pases completos (362) y pases de touchdown (48). Por su desempeño, recibió la distinción de El jugador más valioso de la liga (Most Valuable Player, MVP). Sus objetivos favoritos eran Mark Duper y Mark Clayton. Los apodaban los "Hermanos Marks".

Los Dolphins tenían, además, otra defensa fuerte. Esta se llamaba los "Killer B's" (las B asesinas). Era una parodia del nombre de un tipo de abejas agresivas que acababan de extenderse por Estados Unidos. Los apellidos de ocho de los jugadores empezaban con la letra "B". Los Dolphins lograron un récord de 14–2. Miami abrumó a los Seahawks y a los Steelers en las eliminatorias. Los Dolphins estuvieron en el Super Bowl XIX (19). Era su quinta aparición en el partido grande. El momento decisivo los enfrentó a los San Francisco 49ers. De forma audaz, Marino predijo la victoria. Pero la defensa de los 49ers apagó a los Dolphins. San Francisco ganó por 38–16.

En 1985, Miami logró 12–4. Lo más destacado fue una victoria de 38–24 contra los Chicago Bears. Era la única derrota de Chicago. Los aficionados de Miami ansiaban un enfrentamiento entre ambos equipos en el Super Bowl. Sin embargo, los Dolphins perdieron el partido de Campeonato de la AFC frente a los Patriots. Esta derrota anunció el inicio del declive. Miami no llegó a la postemporada durante el resto de la década.

DELFINES QUE SUBEN Y BAJAN

En 1990, Miami logró 12–4. Los Dolphins regresaron a la postemporada. Arrinconaron a los Chiefs en el partido de ronda de comodines, 17–16. Pero perdieron ante los Bills en la ronda de división. Después de lograr 8–8 en 1991, los Dolphins sumaron una marca de 11–5 la siguiente temporada. Eliminaron a los Chargers 31–0 en el partido divisional de las eliminatorias. Sin embargo, la siguiente semana,

34
Dolphins
34

cometieron cinco pérdidas de balón en el Campeonato de la AFC, contra los Bills. Perdieron por 29–10. La mayor desilusión en eliminatorias llegó en 1994. En la ronda divisional, los Dolphins rápidamente lograron una ventaja de 21–6 contra los Chargers. Los Chargers se recuperaron con gran fuerza. San Diego ganó por 22–21.

En 1995, los Dolphins lograron 9–7. Fueron derrocados por Buffalo en la ronda de comodines de las eliminatorias. Shula se retiró. Contando las eliminatorias, el récord de su carrera fue de 347–173–6. Es el mayor número de victorias para un entrenador principal en la historia de la NFL. "Sus contribuciones a la NFL y al juego de fútbol se extienden más allá de su victoria total", dijo el comisionado de la NFL Paul Tagliabue. "Don Shula representa los más altos estándares de excelencia prácticamente desde cualquier perspectiva".

En 1998, Marino se convirtió en el primer mariscal de campo de la NFL que lanzó 400 pases de touchdown en su carrera. Él y los aficionados de Miami tenían esperanzas sobre la temporada 1999. Los Dolphins empezaron 7–1. Luego, tropezaron. Se las arreglaron para ganarles a los Seahawks en la ronda de comodines. Pero la semana siguiente su temporada terminó abruptamente. Los Jacksonville Jaguars los hicieron pedazos por 62–7. Era la peor derrota de su historia para Miami. Marino se retiró, cerrando una increíble carrera de 17 temporadas.

Los Dolphins lograron 11–5 las siguientes dos temporadas. Pero salieron pronto de las eliminatorias. En 2002, querían reforzar la ofensiva. En consecuencia, intercambiaron dos selecciones de reclutamiento de la primera ronda con los New Orleans Saints por el corredor estrella Ricky Williams. "Hemos tenido tipos grandes y tipos rápidos, pero nunca una combinación de los dos", afirmó el entrenador de corredores Joel Collier. Sus 1.853 yardas lideraban la NFL. Pero con un récord de 9–7, Miami no llegó a las eliminatorias. En 2003, los Dolphins mejoraron a 10–6. Aún así, no llegaron a la postemporada.

Ricky Williams, corredor

En 2004, Williams hizo un anuncio escandaloso. Se retiraba. Miami cayó a 4–12. En 2005, Williams regresó de su retiro. Pero la sequía en eliminatorias continuó las siguientes dos temporadas.

UN CAMBIO HISTÓRICO

La temporada 2007 fue la peor de la franquicia. Miami perdió sus primeros 13 partidos. En la semana 15, los Dolphins finalmente lograron una victoria. El receptor Greg Camarillo convirtió la completud de un pase corto en un touchdown de 64 yardas, con el que vencieron a los Baltimore Ravens en tiempo extra. Esa fue su única victoria. También era la última temporada de Zach Thomas en el equipo de Miami. Desde que fue reclutado en 1996, él había sido uno de los mejores apoyadores en la historia del equipo.

La temporada 2008 empezó lenta. Los Dolphins ganaron solo dos de sus primeros seis partidos. Entonces, el equipo se encendió de repente. Miami ganó 9 de sus 10 partidos finales. El récord 11–5 marcaba una mejora en 10 partidos. Esto los empató con el récord de los Indianapolis Colts de 1999 como la mayor recuperación en un año en la historia de la NFL.

Un factor clave fue el mariscal de campo Chad Pennington. Su eficiencia de pase de 97,4 era la segunda mejor en la liga. Él lanzó más de 3.600 yardas. Él conectó 19 touchdowns. Desafortunadamente, en la ronda de comodines de las eliminatorias, los Ravens acabaron con la temporada de Miami. Baltimore interceptó cuatro pases de Pennington.

Chad Pennington, mariscal de campo

Riddell
Dolphins
10

DON SHULA
ENTRENADOR PRINCIPAL
TEMPORADAS DE LOS DOLPHINS:
1970–95

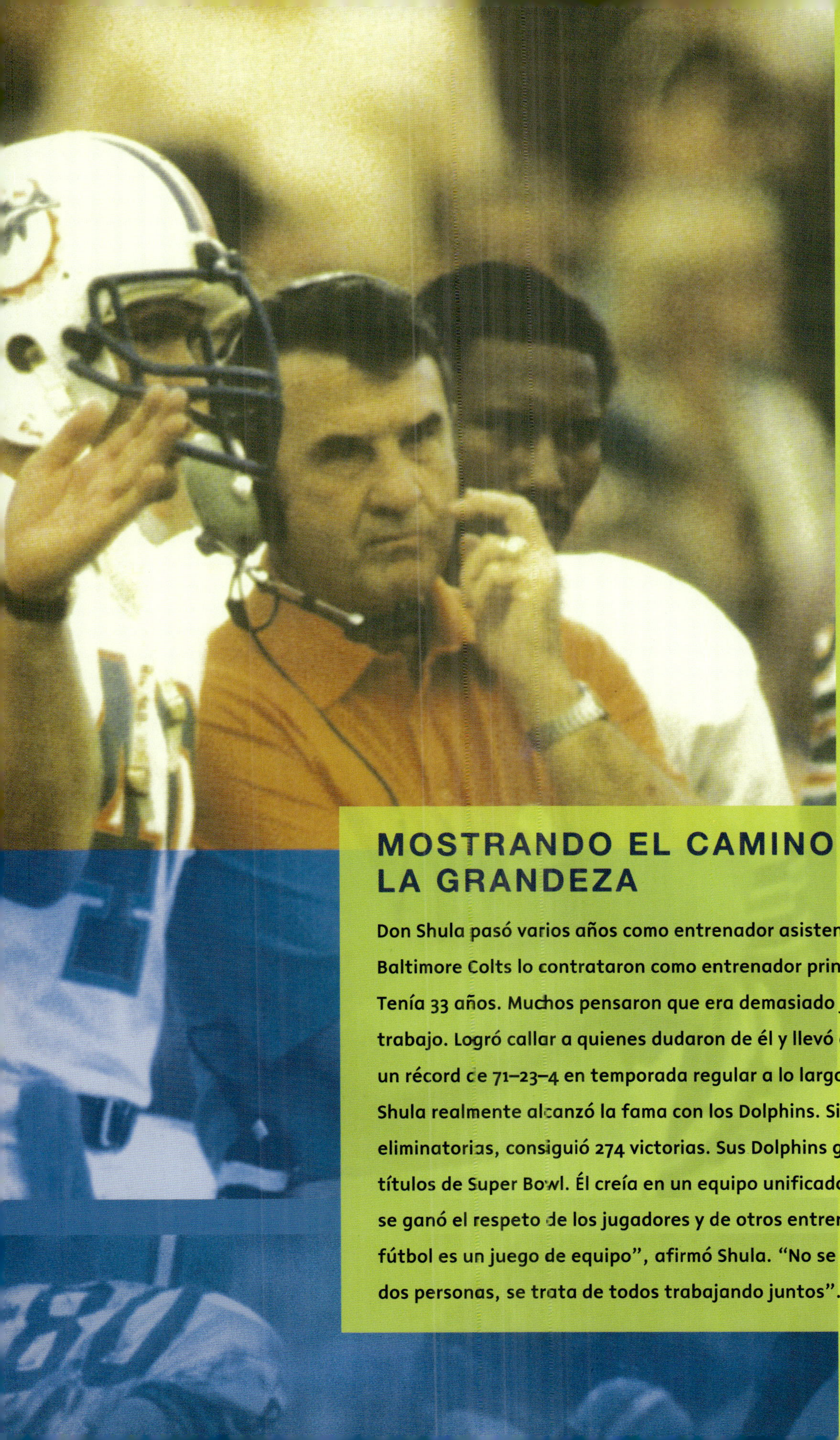

MOSTRANDO EL CAMINO HACIA LA GRANDEZA

Don Shula pasó varios años como entrenador asistente en la NFL. Los Baltimore Colts lo contrataron como entrenador principal en 1963. Tenía 33 años. Muchos pensaron que era demasiado joven para el trabajo. Logró callar a quienes dudaron de él y llevó a su equipo a un récord de 71–23–4 en temporada regular a lo largo de siete años. Shula realmente alcanzó la fama con los Dolphins. Si contamos las eliminatorias, consiguió 274 victorias. Sus Dolphins ganaron dos títulos de Super Bowl. Él creía en un equipo unificado. Con esta idea se ganó el respeto de los jugadores y de otros entrenadores. “El fútbol es un juego de equipo”, afirmó Shula. “No se trata de una o dos personas, se trata de todos trabajando juntos”.

DeVante Parker, receptor

Pennington se lesionó gravemente el hombro a principios de la temporada 2009. Miami perdió su impulso. Los Dolphins terminaron 7–9. Estaban fuera de las eliminatorias. En 2010, otra vez terminaron 7–9.

En 2011, los Dolphins perdieron sus primeros siete partidos. Hacia finales de la temporada, mejoraron y ganaron seis. Pero aún estaban lejos de llegar a las eliminatorias. En 2016, los Dolphins finalmente disfrutaron de una temporada ganadora. Terminaron 10–6. Alcanzaron la postemporada por primera vez en ocho años. Pero los Steelers los descontaron fácilmente en la ronda de comodines. El año siguiente, los Dolphins regresaron a su costumbre de perder. Ganaron solo seis partidos.

Después de dos temporadas más de derrotas, los Dolphins lograron 10–6 en 2020. El principal motivo fue su defensa. En 2019, renunciaron a la mayor cantidad de puntos de la liga. En 2020, mejoraron y pasaron a ser el sexto con menos puntos. El esquinero Xavien Howard tuvo 10 intercepciones. Pero la combinación de una derrota frente a los Bills y una victoria de Indianapolis en los juegos finales de la temporada evitó que llegaran a las eliminatorias.

SILENCIANDO A QUIENES DUDARON

Zach Thomas tuvo que esperar hasta la quinta ronda del Draft de la NFL de 1996 para que lo eligieran. Los equipos pensaban que él era demasiado pequeño, demasiado lento, y que no era lo suficientemente atlético para ser un apoyador eficaz. En su primera temporada, silenció a quienes dudaron de él. Logró 154 tacleadas combinadas. Quedo como semifinalista por la distinción de Novato Defensivo del Año de la NFL. *Sports Illustrated* lo llamó "el nuevo apoyador más atractivo de la NFL[...] [él] se ve como el robo del reclutamiento de abril pasado". Thomas convirtió sus supuestos defectos en ventajas. "Prefiero tener 5-4 que 6-5, bajo cualquier circunstancia", confesó. "De este modo, puedo pasar por debajo de todos esos linieros gordos". Fue nombrado Primer Equipo All-Pro cinco veces y jugó en siete Pro Bowls. Thomas también fue nombrado Segundo Equipo en el Equipo All-Decade 2000 de la NFL.

ZACH THOMAS
APOYADOR
TEMPORADAS DE LOS DOLPHINS: 1996–2007
ALTURA: 5 PIES Y 11 PULGADAS (1,80 M)
PESO: 228 LIBRAS (103 KG)

Tyreek Hill, receptor

En 2021, por quinta temporada seguida, no llegaron a las eliminatorias, con un récord de 9–8. En 2022, igualaron esa marca. Esta vez sí fue suficiente para las eliminatorias. A principios del tercer cuarto de la ronda de comodines, iban ganándoles a los Bills, 24–20. Pero no pudieron mantenerse arriba. Buffalo ganó por 34–31.

En 2023, Miami anotó 70 puntos contra Denver en el tercer partido de la temporada. Es el tercer puntaje más alto de victoria en la historia de la liga. Con cinco partidos por disputarse, los Dolphins superaban a Buffalo por tres partidos para obtener la ventaja de local en la primera ronda de los playoffs. Pero solo ganaron dos veces para terminar con una marca de 11-6 y un puesto de comodín. Se enfrentaron a los Chiefs. La sensación térmica de -27 °F es la cuarta más fría en la historia de la NFL. Kansas City ganó fácilmente 26-7. Los Dolphins no ganan un partido de playoffs desde 2000. Es la segunda racha sin éxitos más larga en la historia de la liga.

Miami es el único equipo de la NFL que ha completado una temporada perfecta. Pero el siglo 21 no ha sido amable con los Dolphins. Desde el 2000, han aparecido en la postemporada solo en cinco ocasiones. En ese período ganaron solo un partido de eliminatorias. Sin embargo, los aficionados del sur de Florida permanecen leales. Están convencidos de que su equipo puede dar un giro y recuperar el brillo de sus años gloriosos. Esperan que una nueva colonia de delfines pueda nadar de regreso hacia la cima de la clasificación.

Tua Tagovailoa, mariscal de campo

ÍNDICE